AF284269

Impressum
Verlag: BABADADA GmbH, Nedderfeld 112 , 22529 Hamburg
Geschäftsführer / Verlagsleitung: Harald Hof
Druck: Books on Demand GmbH, In de Tarpen 42, 22848 Norderstedt

Imprint
Publisher: BABADADA GmbH, Nedderfeld 112 , 22529 Hamburg, Germany
Managing Director / Publishing direction: Harald Hof
Print: Books on Demand GmbH, In de Tarpen 42, 22848 Norderstedt

colegio

de school

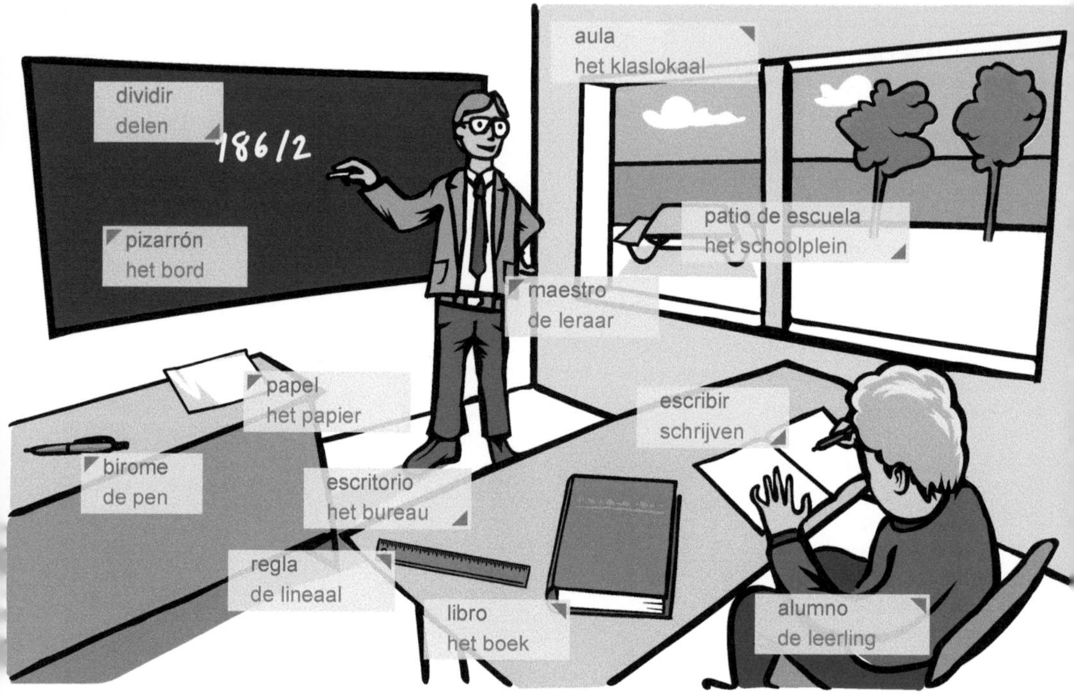

aula
het klaslokaal
dividir
delen
186/2
pizarrón
het bord
maestro
de leraar
patio de escuela
het schoolplein
papel
het papier
escribir
schrijven
birome
de pen
escritorio
het bureau
regla
de lineaal
libro
het boek
alumno
de leerling

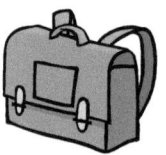

mochila

de schooltas

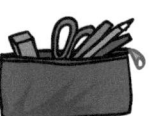

caja de lápices

de etui

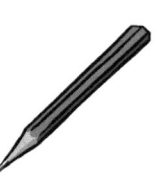

lápiz

het potlood

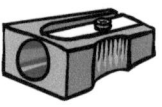

sacapuntas

de puntenslijper

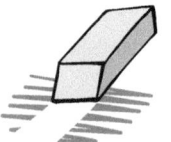

goma (de borrar)

de gum

bloc de dibujo

het schetsblok

dibujo
de tekening

pincel
het penseel

caja de pinturas
de verfdoos

tijera
de schaar

pegamento
de lijm

cuaderno de ejercicios
het schrift

tarea
het huiswerk

número
het getal

sumar
optellen

restar
aftrekken

multiplicar
vermenigvuldigen

calcular
rekenen

letra
de letter

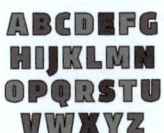

abecedario
het alfabet

palabra
het woord

texto

de tekst

leer

lezen

tiza

het krijt

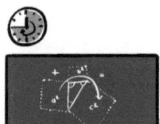

lección

de les

cuaderno de clase

het klassenboek

examen

het examen

certificado

het diploma

uniforme escolar

het schooluniform

educación

de opleiding

enciclopedia

de encyclopedie

universidad

de universiteit

microscopio

de microscoop

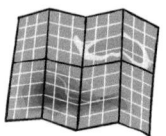

mapa

de kaart

tacho (de basura)

de prullenmand

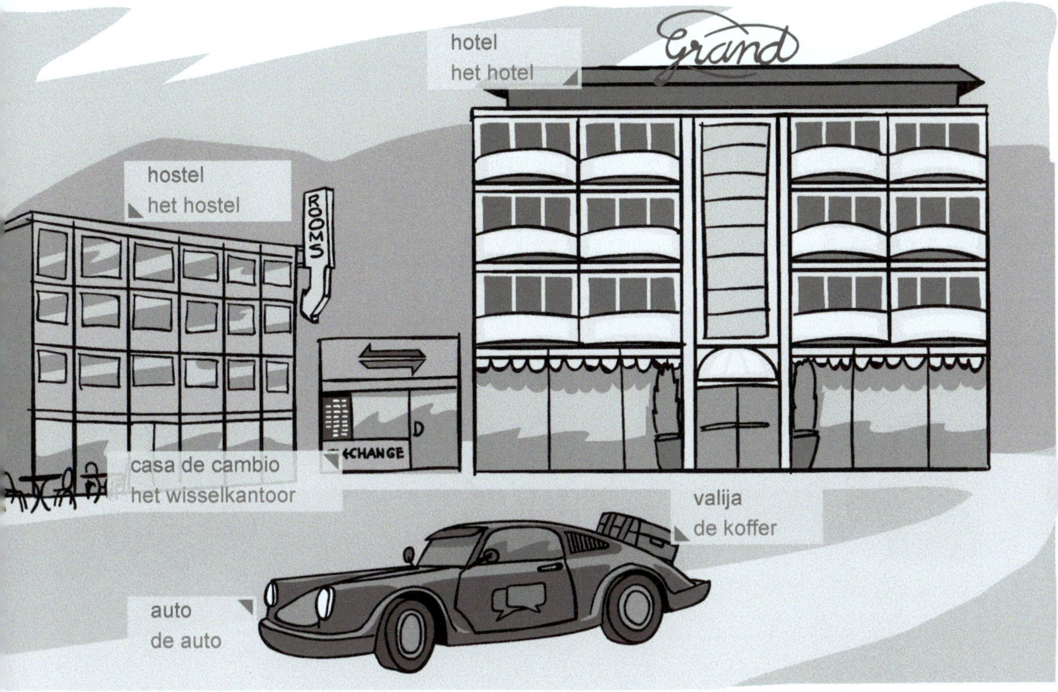

hotel
het hotel
Grand
hostel
het hostel
ROOMS
EXCHANGE
casa de cambio
het wisselkantoor
valija
de koffer
auto
de auto

idioma

de taal

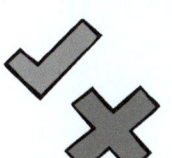

sí / no

ja / nee

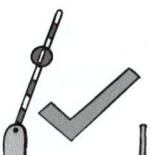

Está bien

oké

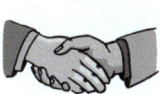

hola

Hallo!

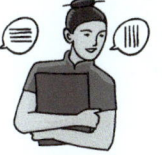

traductor

de tolk

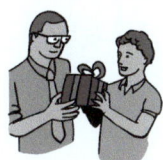

Gracias

Bedankt.

¿cuánto cuesta…?

Wat kost …?

No entiendo

Ik begrijp het niet.

problema

het probleem

¡Buenas tardes!

Goedenavond!

¡Buenos días!

Goedemorgen!

¡Buenas noches!

Goedenacht!

adiós

Tot ziens!

dirección

de richting

equipaje

de bagage

bolso

de tas

mochila

de rugzak

invitado

de gast

habitación

de kamer

bolsa de dormir

de slaapzak

carpa

de tent

información turística

het VVV-kantoor

playa

het strand

tarjeta de crédito

de creditkaart

desayuno

het ontbijt

almuerzo

de lunch

cena

het diner

pasaje

het kaartje

ascensor

de lift

sello

de postzegel

frontera

de grens

aduana

de douane

embajada

de ambassade

visa

het visum

pasaporte

het paspoort

transporte
het transport

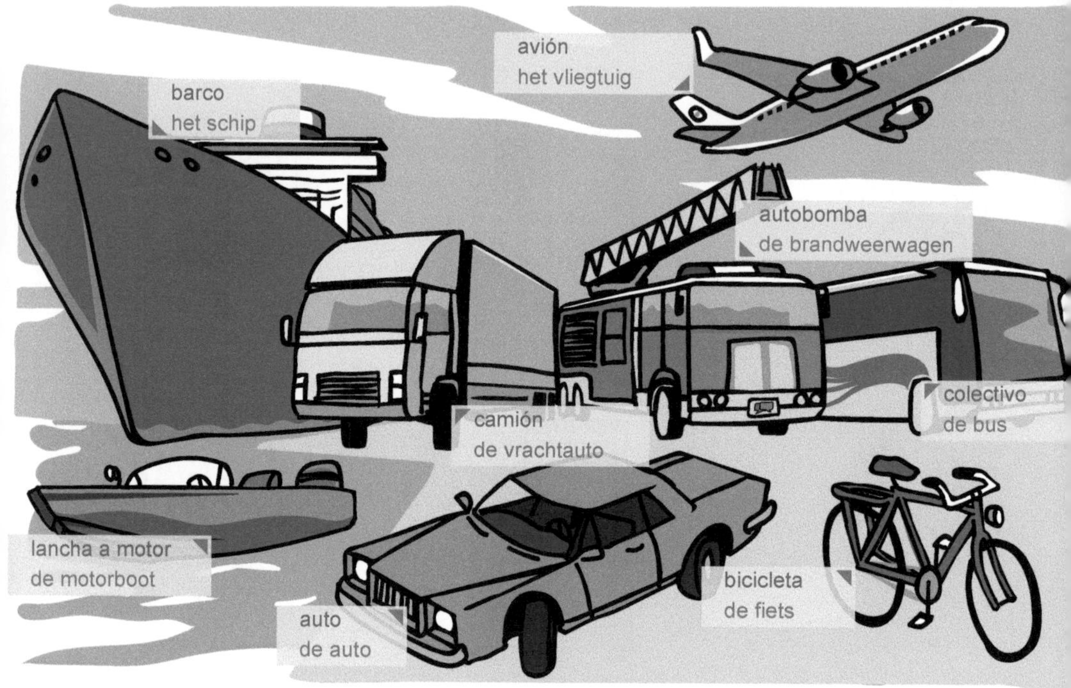
avión
het vliegtuig
barco
het schip
autobomba
de brandweerwagen
colectivo
de bus
camión
de vrachtauto
lancha a motor
de motorboot
bicicleta
de fiets
auto
de auto

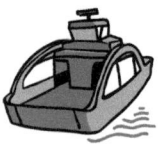

ferry
de veerboot

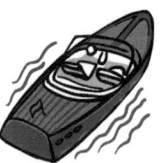

bote
de boot

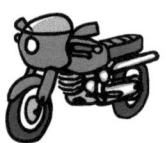

moto
de motorfiets

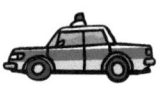

patrullero
de politiewagen

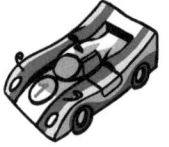

auto de carreras
de raceauto

auto de alquiler
de huurauto

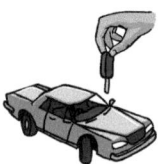

alquiler de autos

de carsharing

grúa

de takelwagen

camión de basura

de vuilniswagen

motor

de motor

nafta

de benzine

estación de servicio

de benzinepomp

señal de tránsito

het verkeersbord

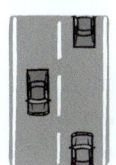

tránsito

het verkeer

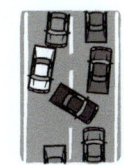

embotellamiento

de file

estacionamiento

de parkeerplaats

estación de tren

het station

vías

de rails

tren

de trein

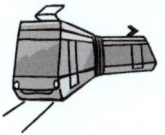

tranvía

de tram

vagón

de wagon

helicóptero

de helikopter

aeropuerto

de luchthaven

torre

de toren

pasajero

de passagier

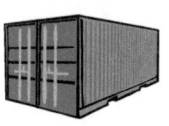

contenedor

de container

caja de cartón

de verhuisdoos

carretilla

de kar

canasta

de mand

despegar / aterrizar

opstijgen / landen

ciudad

de stad

pueblo

het dorp

centro de ciudad

het stadscentrum

casa

het huis

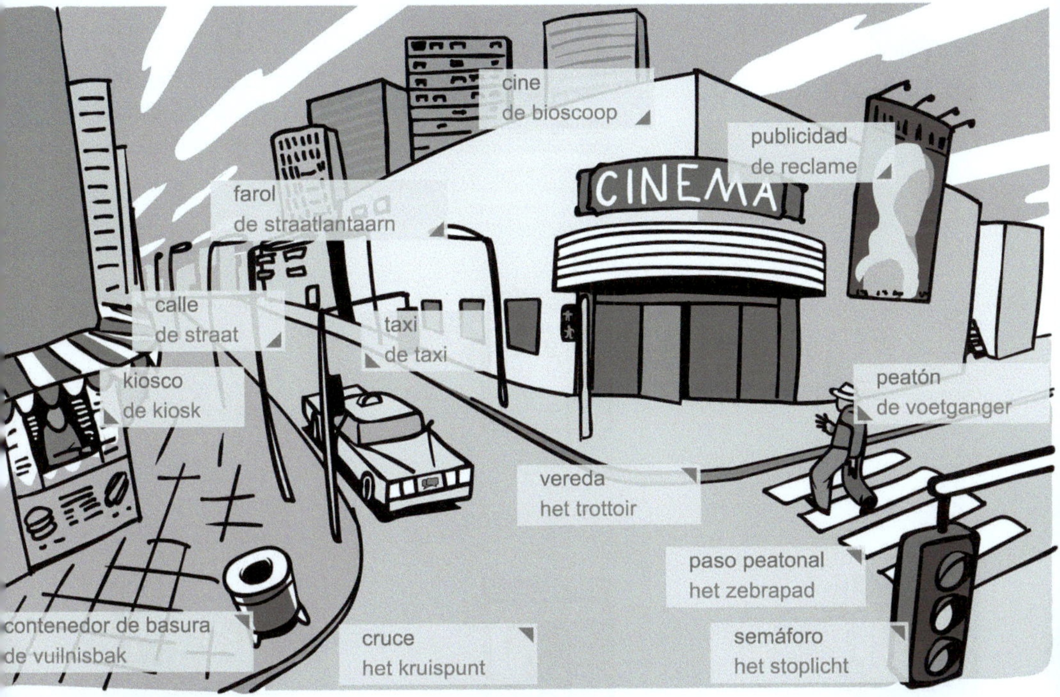

cine
de bioscoop

publicidad
de reclame

farol
de straatlantaarn

calle
de straat

taxi
de taxi

kiosco
de kiosk

peatón
de voetganger

vereda
het trottoir

paso peatonal
het zebrapad

contenedor de basura
de vuilnisbak

cruce
het kruispunt

semáforo
het stoplicht

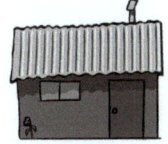

cabaña
de hut

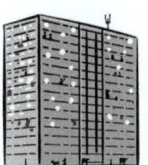

departamento
het appartement

estación de tren
het station

municipalidad
het stadhuis

museo
het museum

colegio
de school

ciudad - de stad

universidad

de universiteit

banco

de bank

hospital

het ziekenhuis

hotel

het hotel

farmacia

de apotheek

oficina

het kantoor

librería

de boekenwinkel

negocio

de winkel

florería

de bloemenwinkel

supermercado

de supermarkt

mercado

de markt

grandes tiendas

het warenhuis

pescadería

de visboer

centro comercial

het winkelcentrum

puerto

de haven

parque

het park

banco

de bank

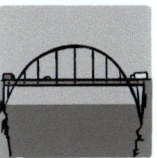

puente

de brug

escaleras

de trap

subte

de metro

túnel

de tunnel

parada del colectivo

de bushalte

bar

de bar

restaurante

het restaurant

buzón

de brievenbus

letrero

het straatnaambord

parquímetro

de parkeermeter

zoológico

de dierentuin

pileta

het zwembad

mezquita

de moskee

granja

de boerderij

contaminación

de vervuiling

cementerio

de begraafplaats

iglesia

de kerk

juegos infantiles

de speelplaats

templo

de tempel

paisaje
het landschap

hoja
het blad

poste indicador
de wegwijzer

camino
de weg

pradera
de weide

piedra
de steen

árbol
de boom

excursionista
de wandelaar

río
de rivier

hierba
het gras

flor
de bloem

valle

de vallei

montaña

de berg

lago

het meer

bosque

het bos

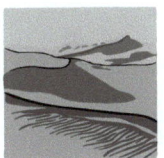

desierto

de woestijn

volcán

de vulkaan

castillo

het kasteel

arco iris

de regenboog

champiñón

de paddenstoel

palmera

de palmboom

mosquito

de mug

mosca

de vlieg

hormiga

de mier

abeja

de bij

araña

de spin

escarabajo

de kever

rana

de kikker

ardilla

de eekhoorn

erizo

de egel

liebre

de haas

lechuza

de uil

pájaro

de vogel

cisne

de zwaan

jabalí

het wild zwijn

ciervo

het hert

alce

de eland

presa

de stuwdam

aerogenerador

de windmolen

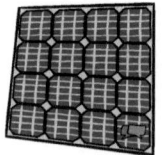

panel solar

het zonnepaneel

clima

het klimaat

restaurante
het restaurant

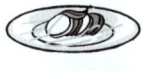

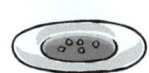

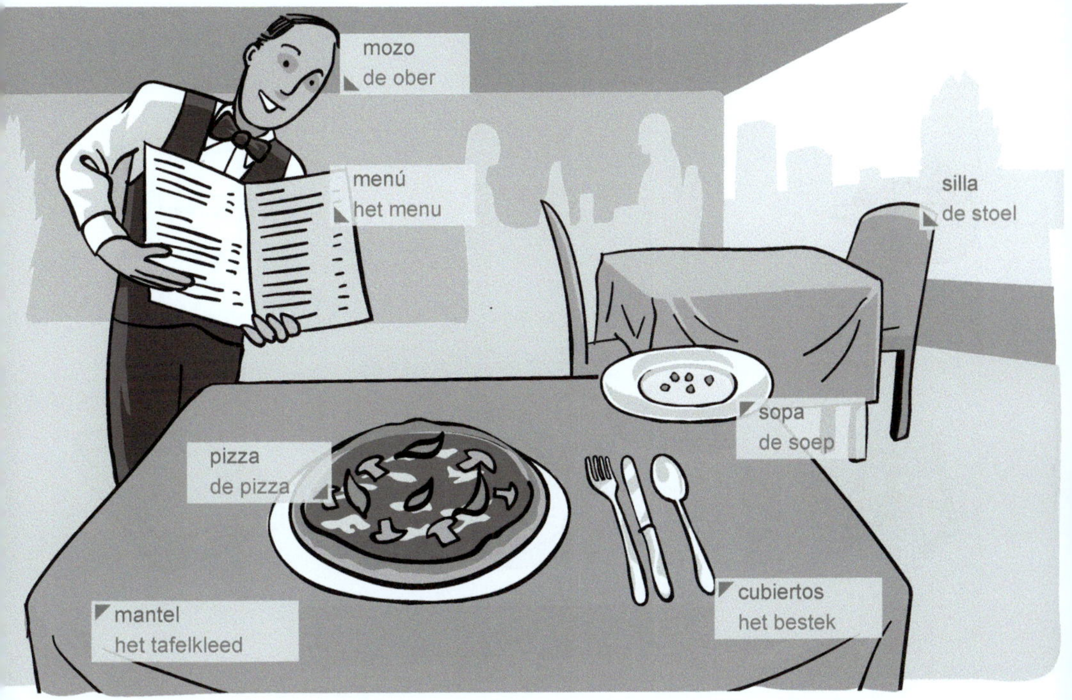
mozo
de ober
menú
het menu
silla
de stoel
sopa
de soep
pizza
de pizza
cubiertos
het bestek
mantel
het tafelkleed

entrada

het voorgerecht

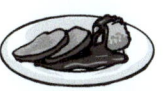

plato principal

het hoofdgerecht

postre

het toetje

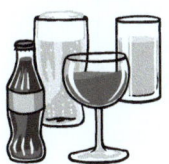

bebidas

de dranken

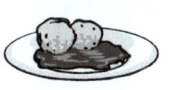

comida

het eten

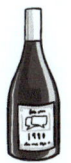

botella

de fles

comida rápida

de/het fastfood

comida callejera

het eetkraampje

tetera

de theepot

azucarera

de suikerpot

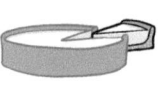

porción

de portie

cafetera expreso

de espressomachine

sillita alta

de kinderstoel

cuenta

de rekening

bandeja

het dienblad

cuchillo

het mes

tenedor

de vork

cuchara

de lepel

cucharita

de theelepel

servilleta

het servet

vaso

het glas

plato

het bord

plato hondo

het soepbord

plato

de schotel

salsa

de saus

salero

het zoutvaatje

molinillo de pimienta

de pepermolen

vinagre

de azijn

aceite

de olie

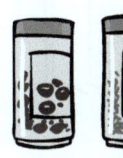

especias

de kruiden

kétchup

de ketchup

mostaza

de mosterd

mayonesa

de mayonaise

supermercado
de supermarkt

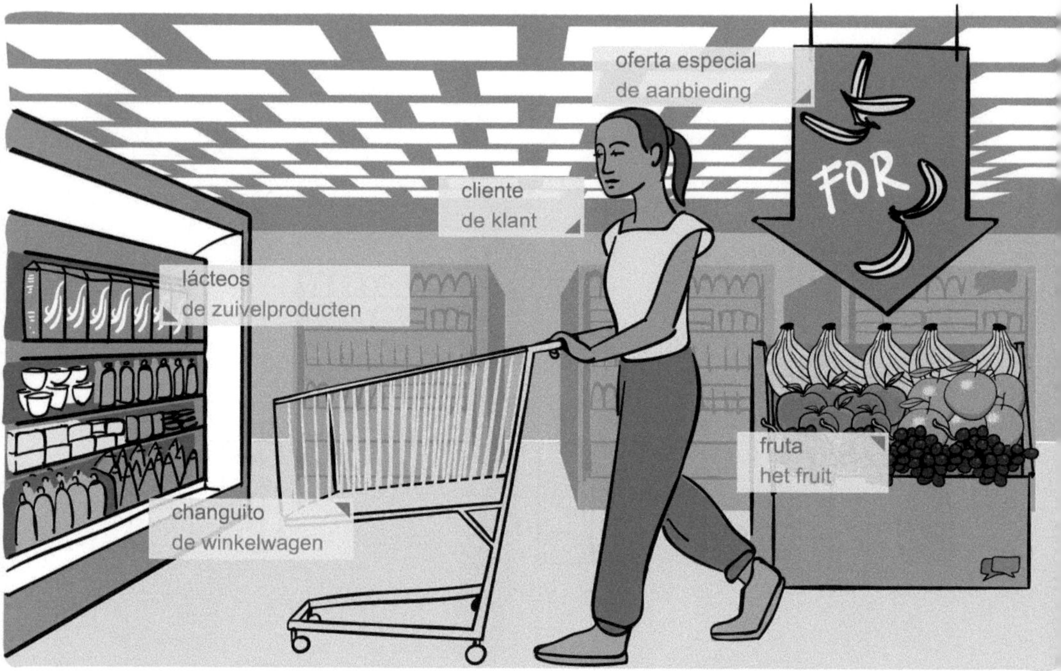

oferta especial
de aanbieding
FOR
cliente
de klant
lácteos
de zuivelproducten
fruta
het fruit
changuito
de winkelwagen

BUTCHERS

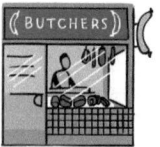

carnicería

de slager

BAKERY

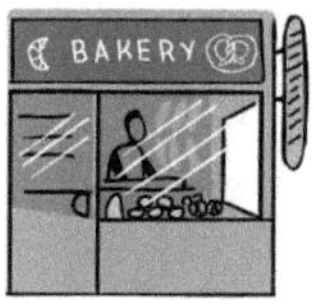

panadería

de bakkerij

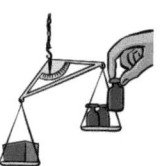

pesar

wegen

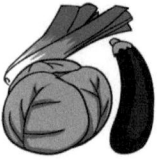

verduras

de groente

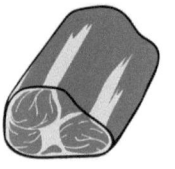

carne

het vlees

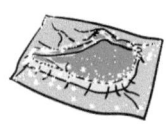

alimentos congelados

de diepvriesproducten

fiambres

de vleeswaren

alimentos enlatados

de conserven

detergente en polvo

het wasmiddel

golosinas

het snoepgoed

electrodomésticos

de huishoudelijke artikelen

productos de limpieza

het schoonmaakmiddel

vendedora

de verkoopster

caja

de kassa

cajero

de kassier

lista de compras

het boodschappenlijstje

horario de atención

de openingstijden

billetera

de portefeuille

tarjeta de crédito

de creditkaart

cartera

de tas

bolsa de plástico

de plastic zak

supermercado - de supermarkt

agua

het water

jugo

het sap

leche

de melk

bebida cola

de cola

vino

de wijn

cerveza

het bier

alcohol

de alcohol

cacao

de chocolademelk

té

de thee

café

de koffie

café expreso

de espresso

cappuccino

de cappuccino

banana

de banaan

manzana

de appel

naranja

de sinaasappel

melón

de watermeloen

limón

de citroen

zanahoria

de wortel

ajo

de knoflook

bambú

de bamboe

cebolla

de ui

champiñón

de paddenstoel

nueces

de noten

fideos

de pasta

tallarines

de spaghetti

arroz

de rijst

ensalada

de salade

papas fritas

de friet

papas fritas

de gebakken aardappelen

pizza

de pizza

hamburguesa

de hamburger

sándwich

de sandwich

churrasco

de schnitzel

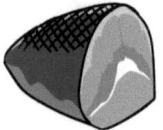

jamón

de ham

salame

de salami

salchicha

de worst

pollo

de kip

asado

het gebraad

pescado

de vis

copos de avena

de havermout

muesli

de muesli

copos de maíz

de cornflakes

harina

het meel

medialuna

de croissant

pancito

de broodjes

pan

het brood

tostada

de toast

galletitas

de koekjes

manteca

de boter

cuajada

de kwark

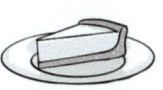

torta

de taart

huevo

het ei

huevo frito

het gebakken ei

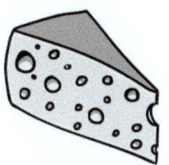

queso

de kaas

helado

het ijs

azúcar

de suiker

miel

de honing

mermelada

de jam

pasta de chocolate

de chocoladepasta

curry

de kerrie

comida - het eten

granja
de boerderij

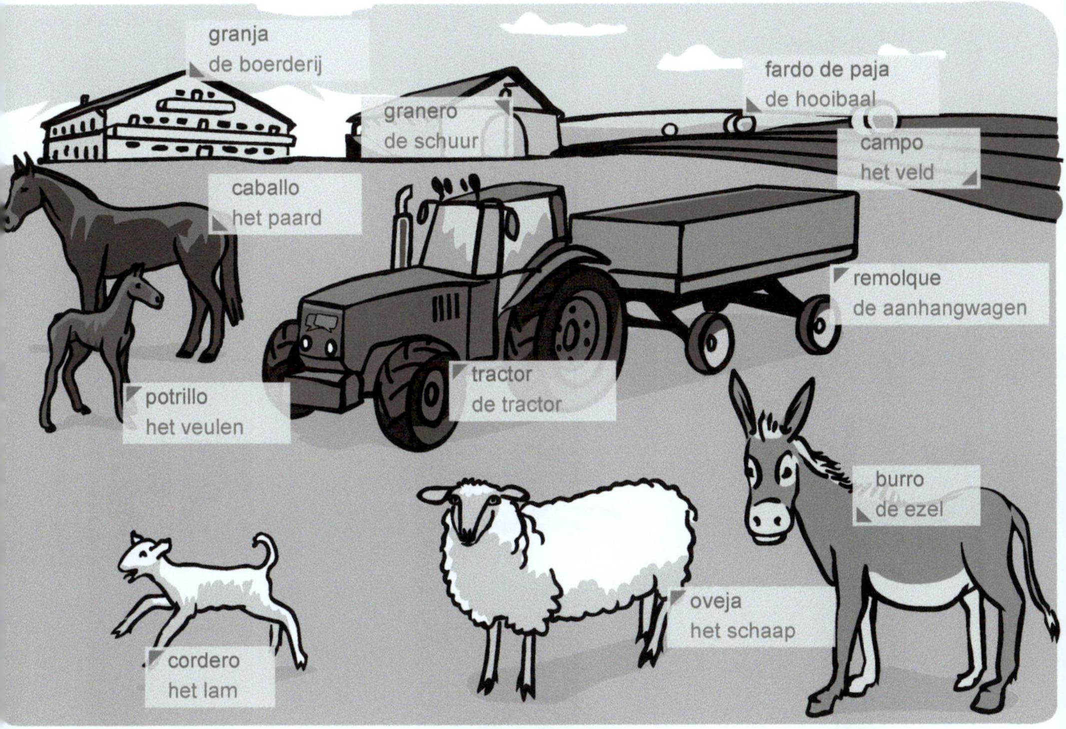
granja
de boerderij
granero
de schuur
fardo de paja
de hooibaal
campo
het veld
caballo
het paard
remolque
de aanhangwagen
potrillo
het veulen
tractor
de tractor
burro
de ezel
oveja
het schaap
cordero
het lam

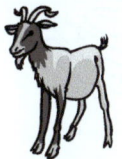

cabra
de geit

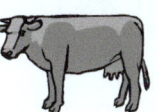

vaca
de koe

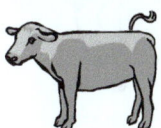

ternero
het kalf

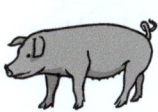

cerdo
het varken

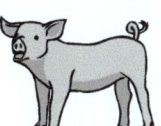

lechón
de big

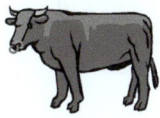

toro
de stier

ganso
de gans

pato
de eend

pollo
het kuiken

gallina
de kip

gallo
de haan

rata
de rat

gato
de kat

ratón
de muis

buey
de os

perro
de hond

cucha
het hondenhok

manguera
de tuinslang

regadera
de gieter

guadaña
de zeis

arado
de ploeg

hoz

de sikkel

azada

de schoffel

horquilla

de hooivork

hacha

de bijl

carretilla

de kruiwagen

abrevadero

de trog

lechera

de melkbus

bolsa

de zak

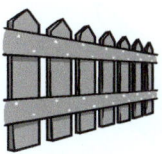

reja

het hek

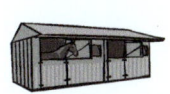

establo

de stal

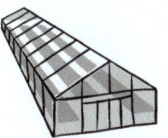

invernadero

de broeikas

suelo

de grond

semilla

het zaad

fertilizador

de mest

cosechadora

de maaidorser

cosechar

oogsten

cosecha

de oogst

batatas

de yam

trigo

de tarwe

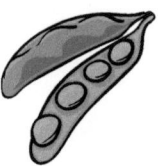

soja

de soja

papa

de aardappel

maíz

de maïs

semilla de colza

het koolzaad

árbol frutal

de fruitboom

mandioca

de maniok

cereales

de granen

casa
het huis

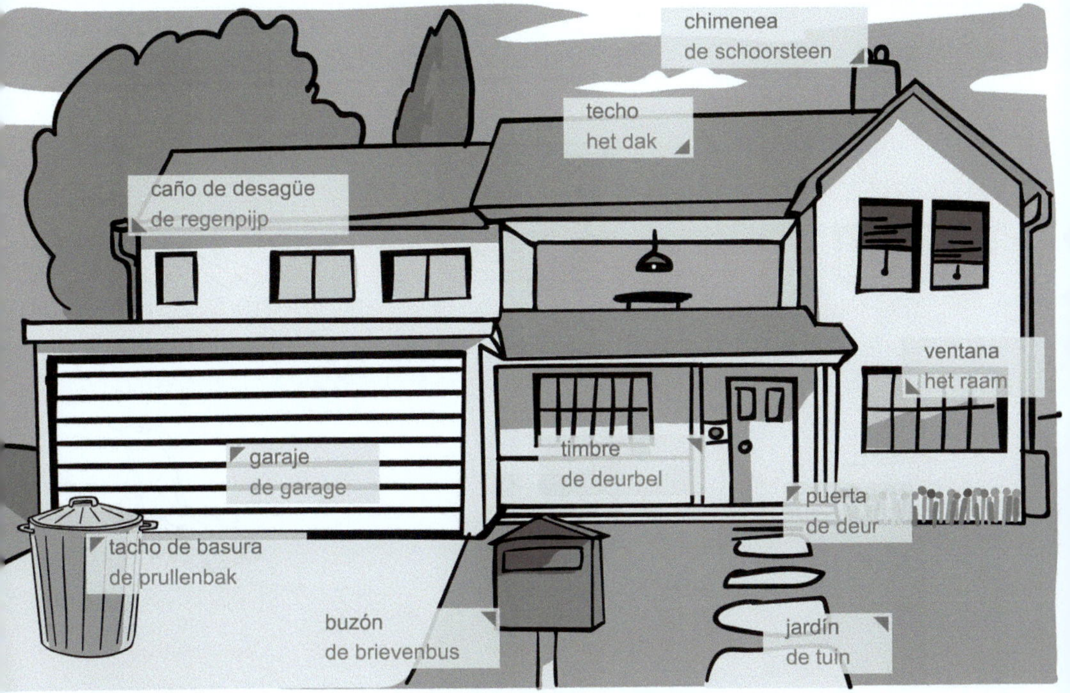

chimenea
de schoorsteen
techo
het dak
caño de desagüe
de regenpijp
ventana
het raam
garaje
de garage
timbre
de deurbel
puerta
de deur
tacho de basura
de prullenbak
buzón
de brievenbus
jardín
de tuin

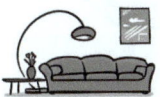

living

de woonkamer

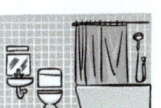

baño

de badkamer

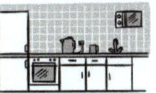

cocina

de keuken

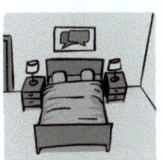

dormitorio

de slaapkamer

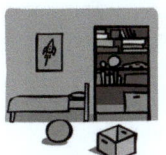

cuarto de los chicos

de kinderkamer

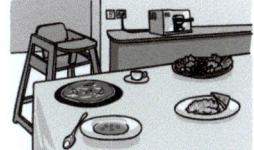

comedor

de eetkamer

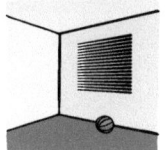

piso
de vloer

pared
de muur

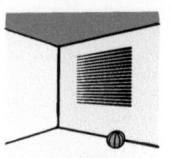

cielorraso
het plafond

sótano
de kelder

sauna
de sauna

balcón
het balkon

terraza
het terras

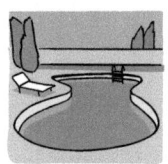

pileta
het zwembad

cortadora de pasto
de grasmaaier

sábana
het laken

acolchado
de bedsprei

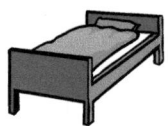

cama
het bed

escoba
de bezem

balde
de emmer

interruptor
de schakelaar

living

de woonkamer

empapelado
het behang
imagen
de foto
lámpara
de lamp
estante
de plank
armario
de kast
televisión
de televisie
chimenea
de open haard
flor
de bloem
almohadón
het kussen
sofá
het bankstel
florero
de vaas
control remoto
de afstandsbediening

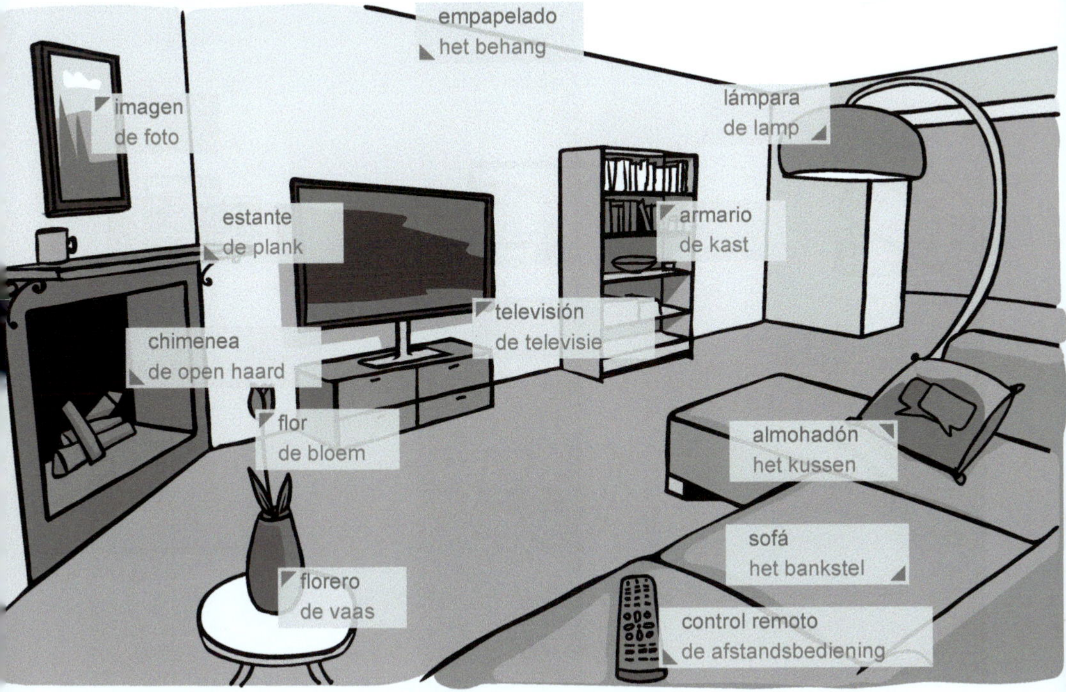

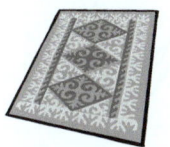

alfombra

het tapijt

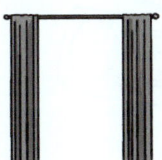

cortina

het gordijn

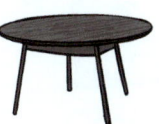

mesa

de tafel

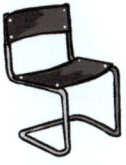

silla

de stoel

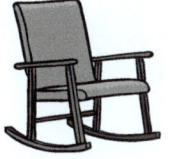

mecedora

de schommelstoel

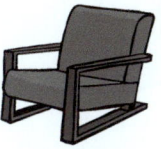

sillón

de stoel

libro

het boek

frazada

de deken

decoración

de decoratie

leña

het brandhout

película

de film

equipo de música

de stereo-installatie

llave

de sleutel

diario

de krant

pintura

het schilderij

póster

de poster

radio

de radio

cuaderno

het kladblok

aspiradora

de stofzuiger

cactus

de cactus

vela

de kaars

cocina
de keuken

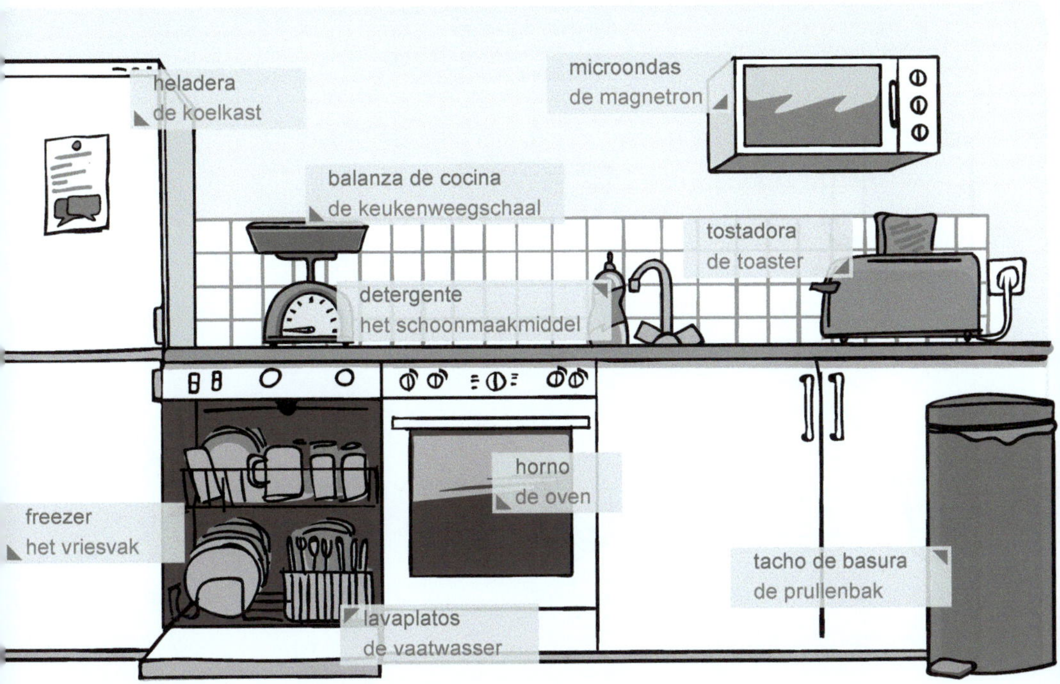
heladera
de koelkast
microondas
de magnetron
balanza de cocina
de keukenweegschaal
tostadora
de toaster
detergente
het schoonmaakmiddel
horno
de oven
freezer
het vriesvak
tacho de basura
de prullenbak
lavaplatos
de vaatwasser

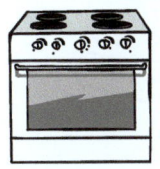

cocina
het fornuis

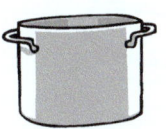

olla
de pan

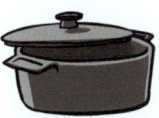

olla de hierro fundido
de gietijzeren pan

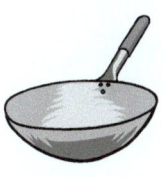

wok
de wok / kadai

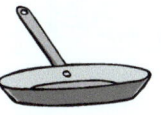

sartén
de koekenpan

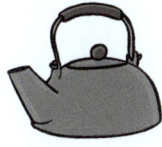

pava
de ketel

vaporera

de stoomkoker

bandeja de horno

de bakplaat

vajilla

het servies

taza

de beker

bol

de kom

palitos

de eetstokjes

cucharón

de soeplepel

estpátula

de spatel

batidora

de garde

colador

het vergiet

colador

de zeef

rallador

de rasp

mortero

de vijzel

parrilla

de barbecue

fogata

de vuurhaard

tabla de picar

de snijplank

palo de amasar

de deegroller

sacacorchos

de kurkentrekker

lata

het blik

abrelatas

de blikopener

manopla

de pannenlap

pileta

de wasbak

cepillo

de borstel

esponja

de spons

batidora

de blender

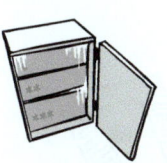

congelador

de vriezer

mamadera

het babyflesje

canilla

de kraan

baño
de badkamer

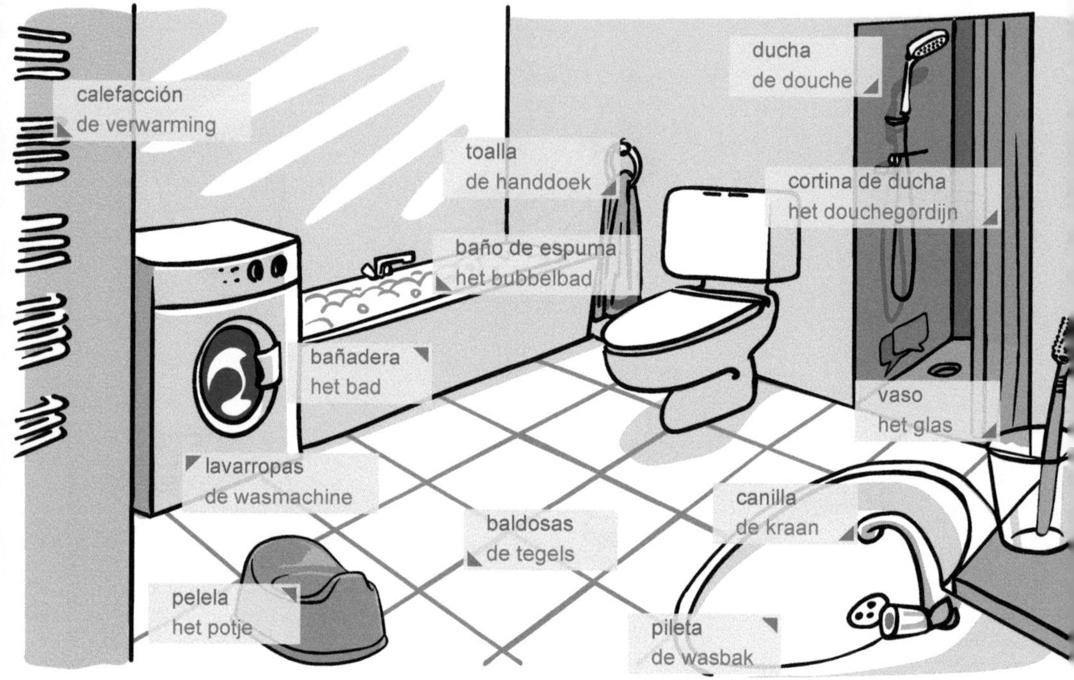

calefacción
de verwarming
ducha
de douche
toalla
de handdoek
cortina de ducha
het douchegordijn
baño de espuma
het bubbelbad
bañadera
het bad
vaso
het glas
lavarropas
de wasmachine
canilla
de kraan
baldosas
de tegels
pelela
het potje
pileta
de wasbak

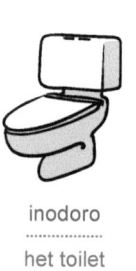

inodoro
het toilet

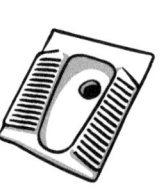

letrina
het hurktoilet

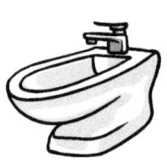

bidé
de/het bidet

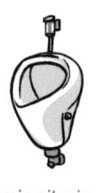

mingitorio
het urinoir

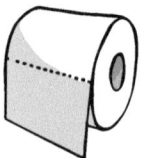

papel higiénico
het toiletpapier

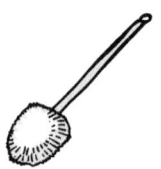

cepillo para el inodoro
de toiletborstel

cepillo de dientes

de tandenborstel

dentífrico

de tandpasta

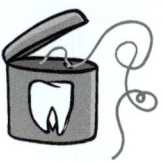

hilo dental

het flosdraad

lavar

wassen

ducha de mano

de handdouche

ducha higiénica

de toiletdouche

palangana

de waskom

cepillo para espalda

de rugborstel

jabón

de zeep

gel de ducha

de douchegel

shampoo

de shampoo

toallita

het washandje

desagüe

de afvoer

crema

de creme

desodorante

de deodorant

espejo

de spiegel

espejito

de make-upspiegel

maquinita de afeitar

het scheermes

espuma de afeitar

het scheerschuim

aftershave

de aftershave

peine

de kam

cepillo

de borstel

secador de pelo

de haardroger

spray

de haarspray

maquillaje

de make-up

lápiz de labios

de lippenstift

esmalte para uñas

de nagellak

algodón

de watten

tijera para uñas

het nagelschaartje

perfume

de/het parfum

portacosméticos
....
de toilettas

banqueta
....
de kruk

balanza
....
de weegschaal

bata
....
de badjas

guantes de goma
....
de rubber handschoenen

tampón
....
de tampon

toallita femenina
....
het maandverband

baño químico
....
het chemisch toilet

cuarto de los chicos
de kinderkamer

despertador
de wekker
peluche
het knuffeldier
coche de juguete
de speelgoedauto
sonajero
de rammelaar
casa de muñecas
het poppenhuis
regalo
het cadeau

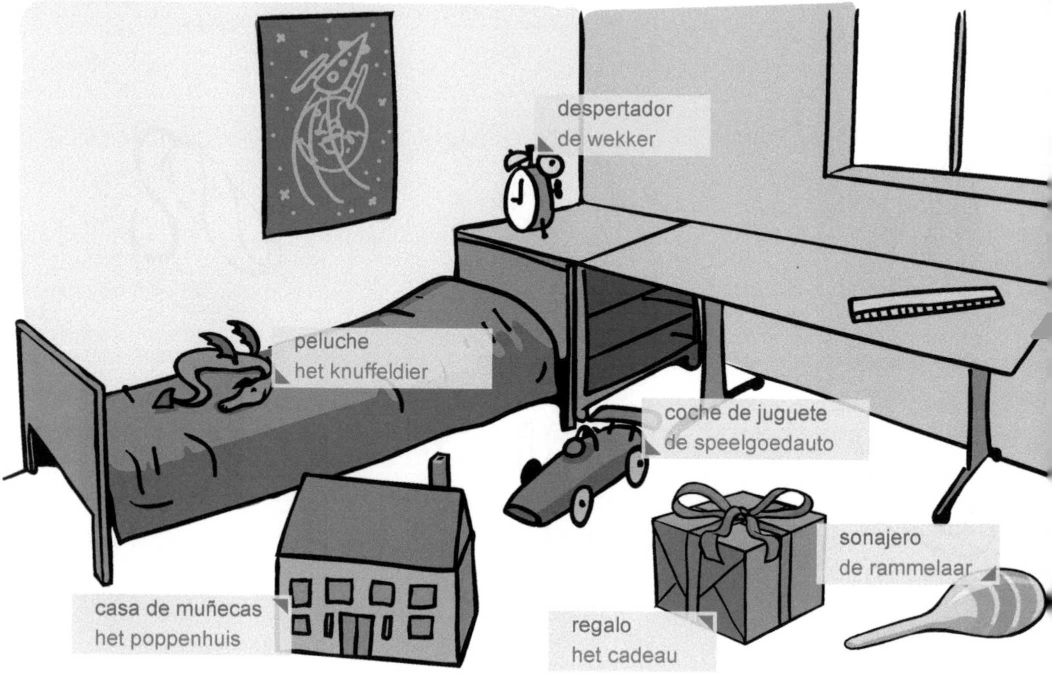

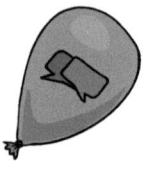

globo
de ballon

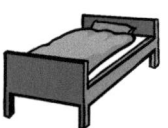

cama
het bed

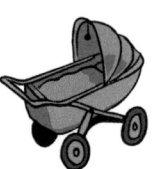

cochecito
de kinderwagen

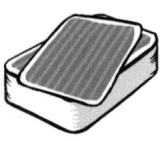

cartas
het kaartspel

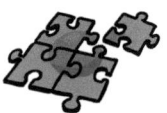

rompecabezas
de puzzel

SUPER MEGA

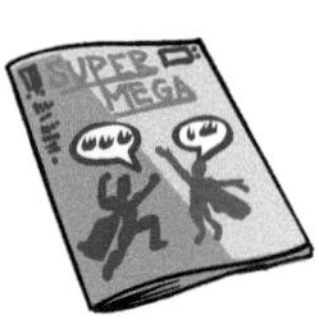

historieta
het stripverhaal

piezas de lego

de legostenen

ladrillos de juguete

de speelgoedblokken

figura de acción

het actiefiguurtje

enterito (de bebé)

de romper

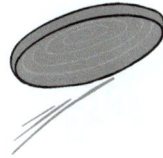

frisbee

de frisbee

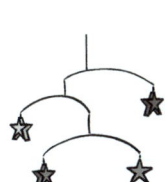

móvil para bebés

de/het mobile

juego de mesa

het bordspel

dados

de dobbelsteen

tren eléctrico

de modeltrein

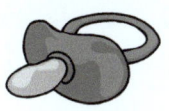

chupete

de speen

fiesta

het feestje

libro de cuentos ilustrado

het prentenboek

pelota

de bal

muñeca

de pop

jugar

spelen

arenero

de zandbak

hamaca

de schommel

juguetes

het speelgoed

consola de videojuegos

de spelcomputer

triciclo

de driewieler

osito de peluche

de teddybeer

armario

de kleerkast

ropa

de kleding

medias

de sokken

medias panty

de kousen

calzas

de panty

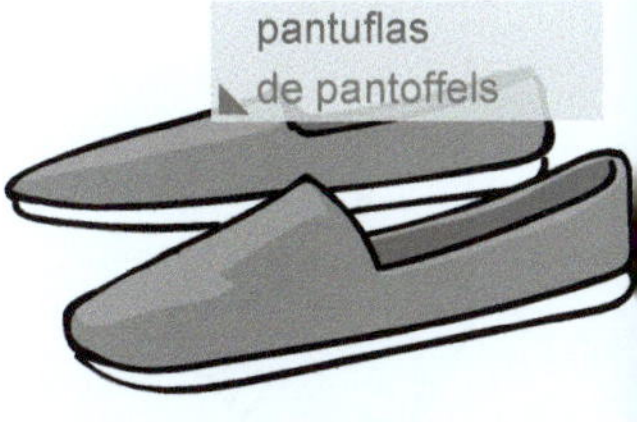

bufanda
de sjaal

paraguas
de paraplu

remera
het T-shirt

cinturón
de riem

botas
de laarzen

pantuflas
de pantoffels

zapatillas
de sportschoenen

sandalias
de sandalen

zapatos
de schoenen

botas de goma
de rubberlaarzen

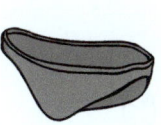

ropa interior
de onderbroek

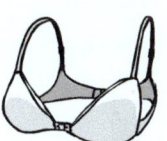

corpiño
de beha

chaleco
het onderhemd

body
de body

pantalones
de broek

jeans
de spijkerbroek

pollera
de rok

blusa
de blouse

camisa
het overhemd

pulóver
de trui

buzo
de hoody

blazer
de blazer

campera
de jas

tapado
de mantel

piloto
de regenjas

traje
het kostuum

vestido
de jurk

vestido de novia
de trouwjurk

traje

het pak

camisón

het nachthemd

pijama

de pyjama

sari

de sari

pañuelo para cabeza

de hoofddoek

turbante

de tulband

burka

de boerka

caftán

de kaftan

abaya

de abaja

traje de baño

het zwempak

short de baño

de zwembroek

shorts

de korte broek

jogging

het trainingspak

delantal

de/het schort

guantes

de handschoenen

botón

de knoop

anteojos

de bril

pulsera

de armband

collar

de ketting

anillo

de ring

aro

de oorbel

gorra

de pet

percha

de kledinghanger

sombrero

de hoed

corbata

de stropdas

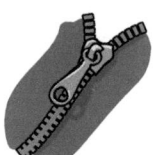

cierre

de rits

casco

de helm

tiradores

de bretels

uniforme escolar

het schooluniform

uniforme

het uniform

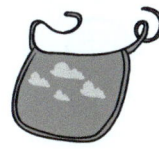

babero

het slabbetje

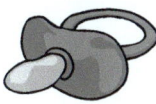

chupete

de speen

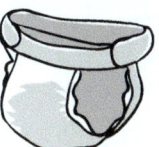

pañal

de luier

oficina

het kantoor

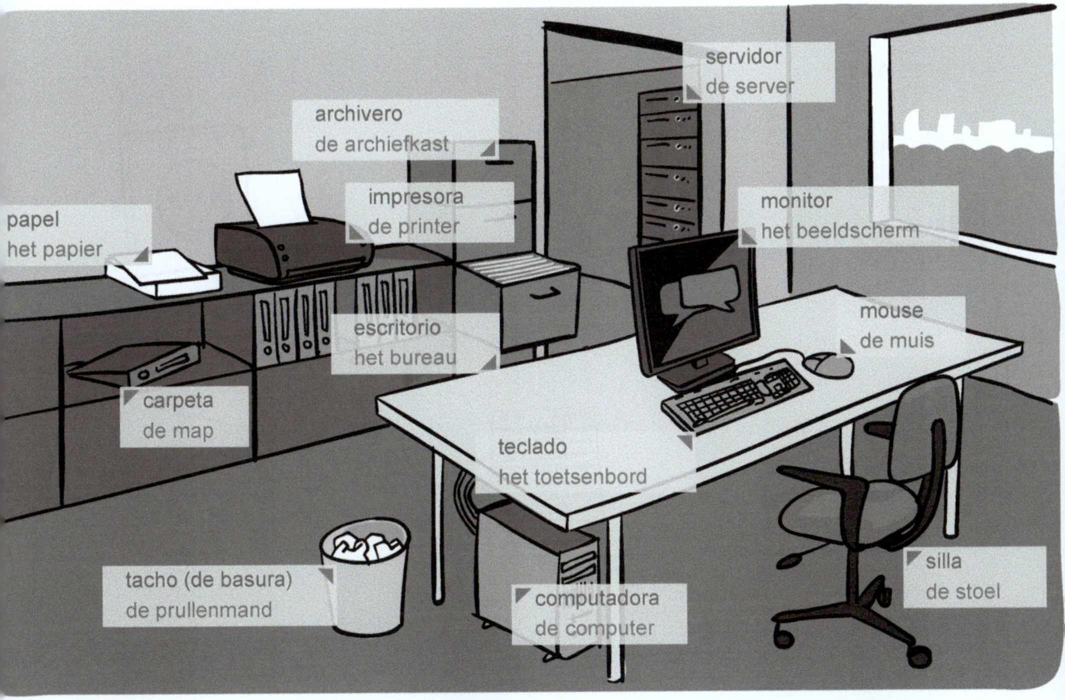
servidor
de server
archivero
de archiefkast
impresora
de printer
papel
het papier
monitor
het beeldscherm
mouse
de muis
escritorio
het bureau
carpeta
de map
teclado
het toetsenbord
tacho (de basura)
de prullenmand
computadora
de computer
silla
de stoel

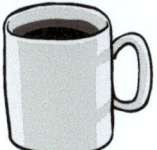

taza de café

de koffiemok

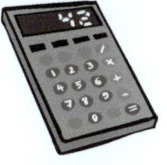

calculadora

de rekenmachine

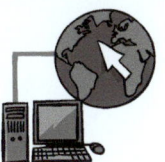

internet

het internet

laptop
de laptop

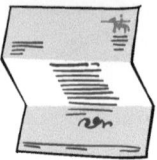

carta
de brief

mensaje
het bericht

celular
de mobiele telefoon

red
het netwerk

fotocopiadora
de kopieermachine

software
de software

teléfono
de telefoon

tomacorriente
het stopcontact

fax
de fax

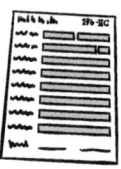

formulario
het formulier

documento
het document

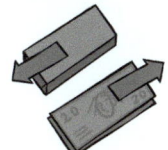

comprar

kopen

pagar

betalen

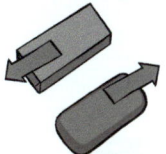

hacer negocios

handel drijven

dinero

het geld

dólar

de dollar

euro

de euro

yen

de yen

rublo

de roebel

franco suizo

de Zwitserse frank

yuan

de renminbi yuan

rupia

de roepie

cajero automático

de geldautomaat

casa de cambio

het wisselkantoor

oro

het goud

plata

het zilver

petróleo

de olie

energía

de energie

precio

de prijs

contrato

het contract

impuesto

de belasting

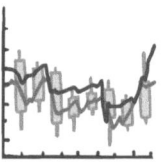

acción

het aandeel

trabajar

werken

empleado

de werknemer

empleador

de werkgever

fábrica

de fabriek

negocio

de winkel

economía - de economie

policía
de politieagent

bombero
de brandweerman

cocinero
de kok

médico
de dokter

piloto
de piloot

jardinero

de tuinman

carpintero

de timmerman

modista

de naaister

juez

de rechter

farmacéutico

de scheikundige

actor

de toneelspeler

colectivero

de buschauffeur

taxista

de taxichauffeur

pescador

de visser

mucama

de schoonmaakster

techista

de dakdekker

mozo

de ober

cazador

de jager

pintor

de schilder

panadero

de bakker

electricista

de elektricien

albañil

de bouwvakker

ingeniero

de ingenieur

carnicero

de slager

plomero

de loodgieter

cartero

de postbode

soldado

de soldaat

arquitecto

de architect

cajero

de kassier

florista

de bloemist

peluquero

de kapper

cobrador

de conducteur

mecánico

de monteur

capitán

de kapitein

dentista

de tandarts

científico

de wetenschapper

rabino

de rabbi

imán

de imam

monje

de monnik

sacerdote

de pastoor

herramientas
het gereedschap

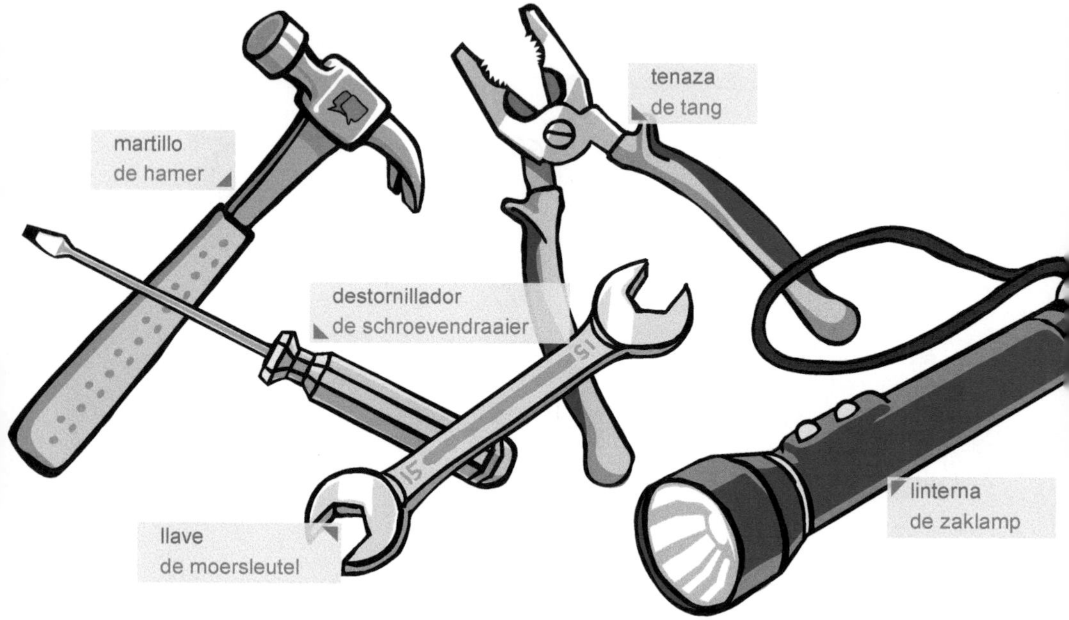

martillo
de hamer

tenaza
de tang

destornillador
de schroevendraaier

llave
de moersleutel

linterna
de zaklamp

excavadora

de graafmachine

caja de herramientas

de gereedschapskist

escalera portátil

de ladder

sierra

de zaag

clavos

de spijkers

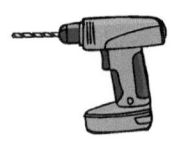

taladro

de boor

arreglar

repareren

pala de jardín

de schep

¡Qué bronca!

Verdorie!

pala de plástico

het stofblik

tacho de pintura

de verfpot

tornillos

de schroeven

instrumentos musicales
de muziekinstrumenten

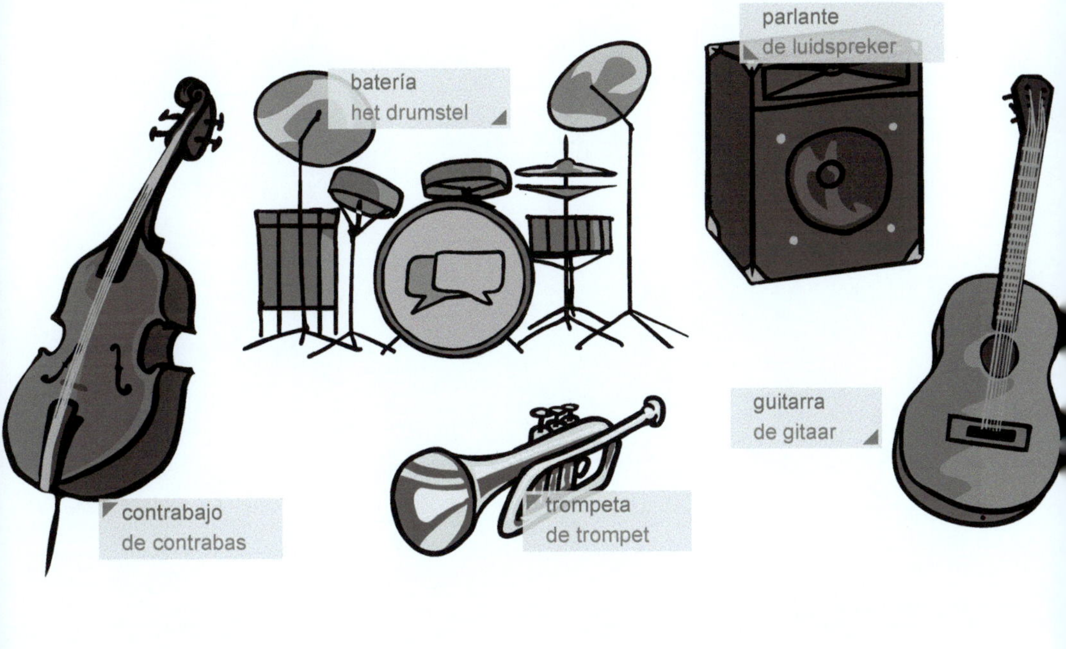

parlante
de luidspreker

batería
het drumstel

contrabajo
de contrabas

trompeta
de trompet

guitarra
de gitaar

piano

de piano

violín

de viool

bajo

de bas

timbales

de pauk

tambor

de trommel

teclado

het keyboard

saxofón

de saxofoon

flauta

de fluit

micrófono

de microfoon

zoológico

de dierentuin

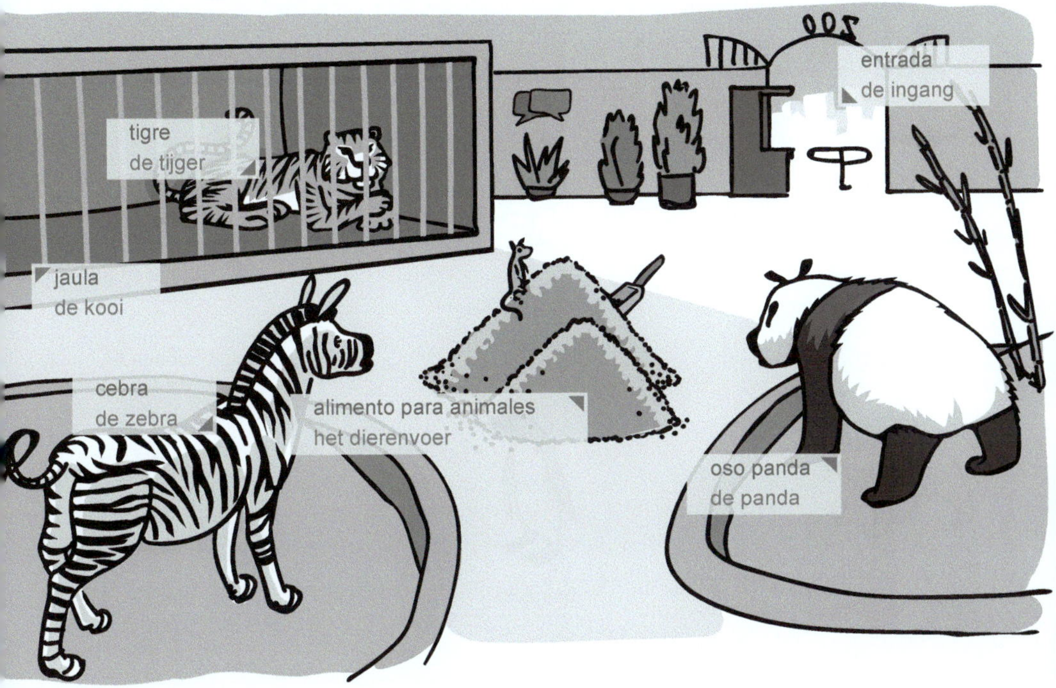
entrada
de ingang
tigre
de tijger
jaula
de kooi
cebra
de zebra
alimento para animales
het dierenvoer
oso panda
de panda

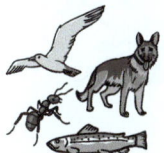

animales

de dieren

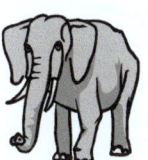

elefante

de olifant

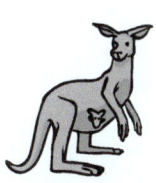

canguro

de kangoeroe

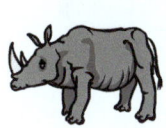

rinoceronte

de neushoorn

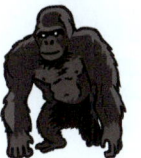

gorila

de gorilla

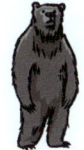

oso

de beer

camello

de kameel

avestruz

de struisvogel

león

de leeuw

mono

de aap

flamenco

de flamingo

loro

de papegaai

oso polar

de ijsbeer

pingüino

de pinguïn

tiburón

de haai

pavo real

de pauw

serpiente

de slang

cocodrilo

de krokodil

cuidador del zoológico

de dierenverzorger

foca

de zeehond

jaguar

de jaguar

zoológico - de dierentuin

poni

de pony

leopardo

de/het luipaard

hipopótamo

het nijlpaard

jirafa

de giraffe

águila

de adelaar

jabalí

het wild zwijn

pescado

de vis

tortuga

de schildpad

morsa

de walrus

zorro

de vos

gacela

de gazelle

fútbol americano
American football

ciclismo
wielrennen

tenis
tennis

básquet
basketbal

natación
zwemmen

boxeo
boksen

hockey sobre hielo
ijshockey

fútbol
voetbal

bádminton
badminton

atletismo
atletiek

handball
handbal

esquí
skiën

polo
polo

saltar
springen

reír
lachen

abrazar
knuffelen

caminar
lopen

cantar
zingen

soñar
dromen

rezar
bidden

besar
kussen

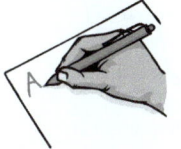

escribir

schrijven

dibujar

tekenen

mostrar

tonen

presionar

duwen

dar

geven

tomar

oppakken

tener

hebben

hacer

doen

ser

zijn

estar parado

staan

correr

rennen

tirar

trekken

tirar

gooien

caer

vallen

estar acostado

liggen

esperar

wachten

llevar

dragen

estar sentado

zitten

vestirse

aankleden

dormir

slapen

despertar

wakker worden

mirar

bekijken

llorar

huilen

acariciar

strelen

peinar

kammen

hablar

praten

entender

begrijpen

preguntar

vragen

escuchar

horen

beber

drinken

comer

eten

ordenar

opruimen

amar

houden van

cocinar

koken

manejar

rijden

volar

vliegen

navegar
zeilen

calcular
rekenen

leer
lezen

aprender
leren

trabajar
werken

casarse
trouwen

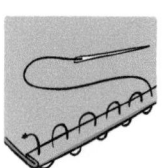

coser
naaien

cepillarse los dientes
tandenpoetsen

matar
doden

fumar
roken

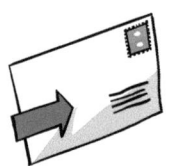

enviar
verzenden

abuela
de grootmoeder

bebé
de baby

abuelo
de grootvader

madre
de moeder

padre
de vader

hija
de dochter

hijo
de zoon

invitado

de gast

tía

de tante

tío

de oom

hermano

de broer

hermana

de zus

cuerpo

het lichaam

frente
het voorhoofd
ojo
het oog
hombro
de schouder
dedo
de vinger
cara
het gezicht
pera
de kin
mano
de hand
pecho
de borst
pierna
het been
brazo
de arm

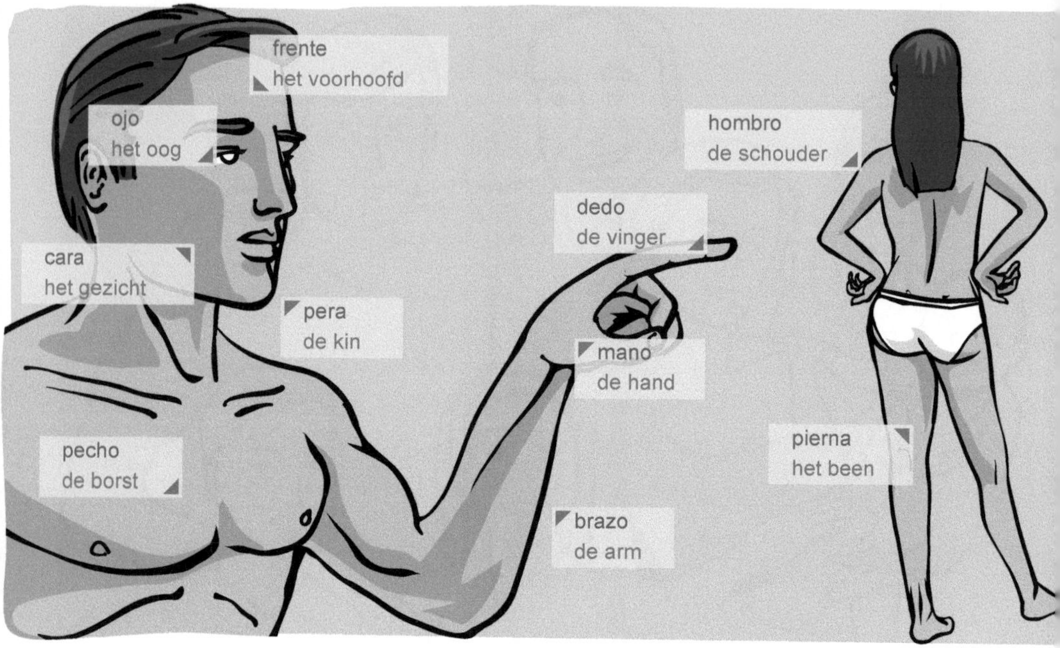

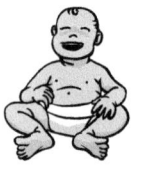

bebé
de baby

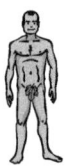

hombre
de man

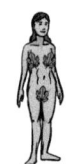

mujer
de vrouw

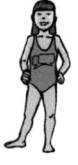

nena
het meisje

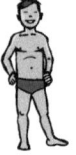

nene
de jongen

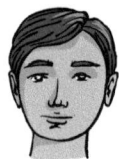

cabeza
het hoofd

espalda

de rug

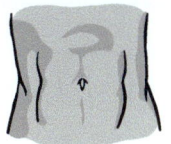

panza

de buik

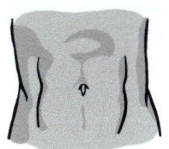

ombligo

de navel

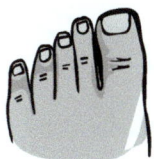

dedo del pie

de teen

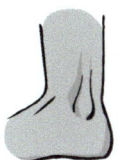

talón

de hiel

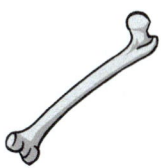

hueso

het bot

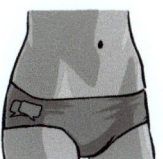

cadera

de heup

rodilla

de knie

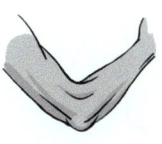

codo

de elleboog

nariz

de neus

cola

het achterwerk

piel

de huid

cachete

de wang

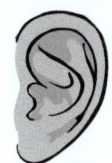

oreja

het oor

labio

de lippen

boca

de mond

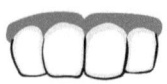

diente

de tand

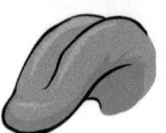

lengua

de tong

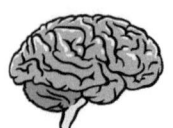

cerebro

de hersenen

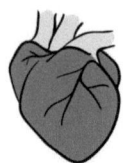

corazón

het hart

músculo

de spier

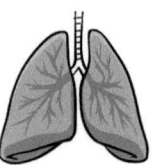

pulmón

de long

hígado

de lever

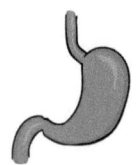

estómago

de maag

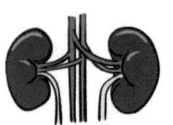

riñones

de nieren

sexo

de geslachtsgemeenschap

preservativo

het condoom

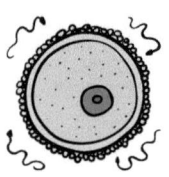

óvulo

de eicel

semen

het sperma

embarazo

de zwangerschap

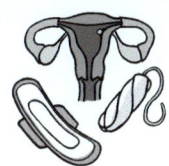

menstruación

de menstruatie

vagina

de vagina

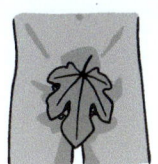

pene

de penis

ceja

de wenkbrauw

pelo

het haar

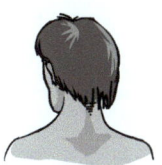

cuello

de hals

hospital
het ziekenhuis

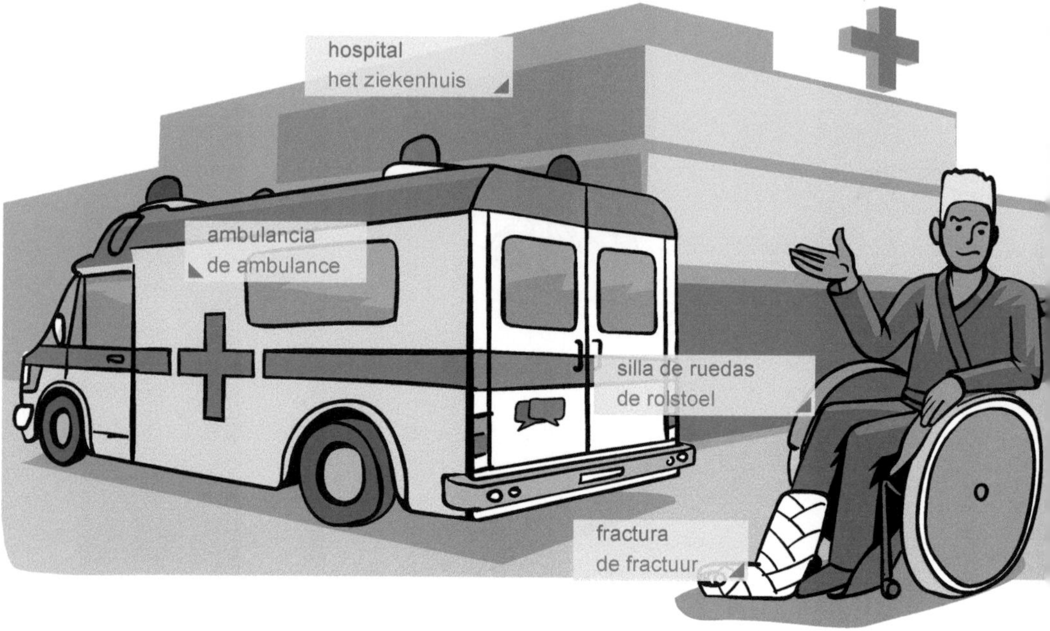

hospital
het ziekenhuis
ambulancia
de ambulance
silla de ruedas
de rolstoel
fractura
de fractuur

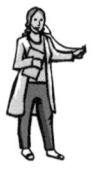

médico

de dokter

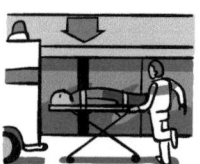

sala de guardia

de EHBO

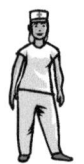

enfermera

de verpleegster

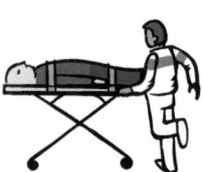

emergencia

het noodgeval

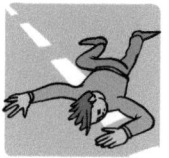

inconsciente

bewusteloos

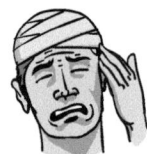

dolor

de pijn

lesión

de verwonding

hemorragia

de bloeding

infarto

de hartaanval

ACV

de beroerte

alergia

de allergie

tos

de hoest

fiebre

de koorts

gripe

de griep

diarrea

de diarree

dolor de cabeza

de hoofdpijn

cáncer

de kanker

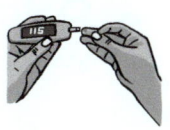

diabetes

de diabetes

cirujano

de chirurg

bisturí

het scalpel

operación

de operatie

TC

de CT

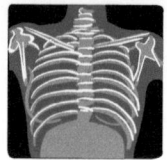

rayos x

de röntgen

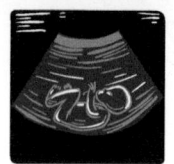

ecografía

de echografie

barbijo

het gezichtsmasker

enfermedad

de ziekte

sala de espera

de wachtkamer

muleta

de kruk

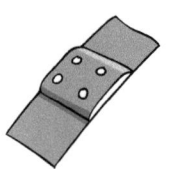

curita

de pleister

venda

het verband

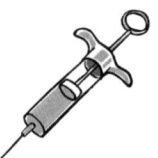

inyección

de injectie

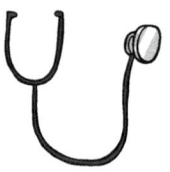

estetoscopio

de stethoscoop

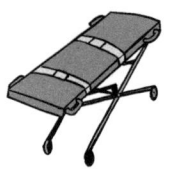

camilla

de brancard

termómetro

de thermometer

nacimiento

de geboorte

sobrepeso

het overgewicht

hospital - het ziekenhuis

audífono

het gehoorapparaat

desinfectante

het ontsmettingsmiddel

infección

de infectie

virus

het virus

VIH / SIDA

(de) HIV / AIDS

remedio

het medicijn

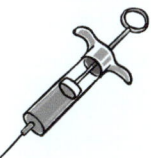

vacunación

de inenting

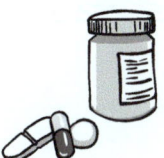

comprimidos

de tabletten

pastilla anticonceptiva

de pil

llamada de emergencia

het alarmnummer

tensiómetro

de bloeddrukmeter

enfermo / sano

ziek / gezond

¡Ayuda!

Help!

alarma

het alarm

agresión

de overval

ataque

de aanval

peligro

het gevaar

salida de emergencia

de nooduitgang

¡Fuego!

Brand!

matafuego

de brandblusser

accidente

het ongeluk

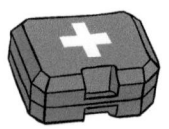

botiquín de primeros
auxilios

de EHBO-koffer

SOS

SOS

policía

de politie

Europa

Europa

América del Norte

Noord-Amerika

América del Sur

Zuid-Amerika

África

Afrika

Asia

Azië

Australia

Australië

Atlántico

de Atlantische Oceaan

Pacífico

de Stille Oceaan

Océano Índico

de Indische Oceaan

Océano Antártico

de Zuidelijke Oceaan

Océano Ártico

de Noordelijke IJszee

polo norte

de Noordpool

polo sur

de Zuidpool

Antártida

Antarctica

Tierra

de aarde

tierra

het land

mar

de zee

isla

het eiland

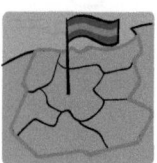

nación

de natie

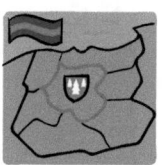

estado

de staat

esfera

de wijzerplaat

manecilla de las horas

de uurwijzer

minutero

de minutenwijzer

segundero

de secondewijzer

¿Qué hora es?

Hoe laat is het?

día

de dag

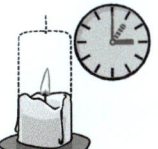

hora

de tijd

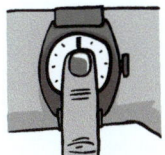

ahora

nu

reloj digital

het digitaal horloge

minuto

de minuut

hora

het uur

semana

de week

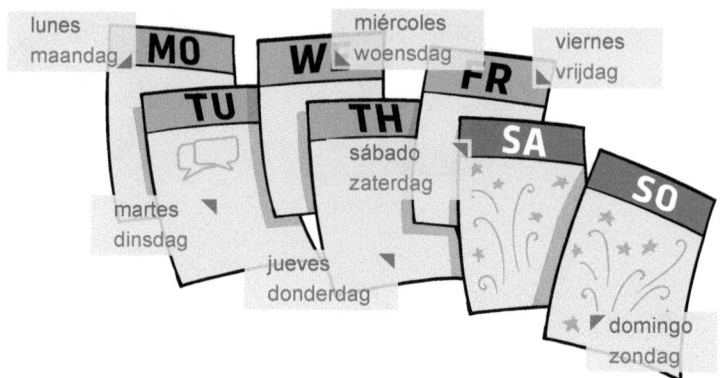

lunes / maandag — MO
miércoles / woensdag — W
viernes / vrijdag — FR
martes / dinsdag — TU
jueves / donderdag — TH
sábado / zaterdag — SA
domingo / zondag — SO

ayer
gisteren

hoy
vandaag

mañana
morgen

mañana
de ochtend

mediodía
de middag

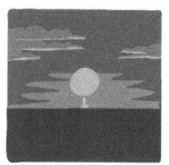

tarde
de avond

MO	TU	WE	TH	FR	SA	SU
1	2	3	4	5	6	7
8	9	10	11	12	13	14
15	16	17	18	19	20	21
22	23	24	25	26	27	28
29	30	31	1	2	3	4

días hábiles
de werkdagen

MO	TU	WE	TH	FR	SA	SU
1	2	3	4	5	6	7
8	9	10	11	12	13	14
15	16	17	18	19	20	21
22	23	24	25	26	27	28
29	30	31	1	2	3	4

fin de semana
het weekend

año
het jaar

lluvia
de regen
arco iris
de regenboog
viento
de wind
nieve
de sneeuw
primavera
het voorjaar
otoño
de herfst
verano
de zomer
invierno
de winter

4.APRIL 11°
5.APRIL 4°
6.APRIL 13°
7.APRIL 8°
8.APRIL 10°

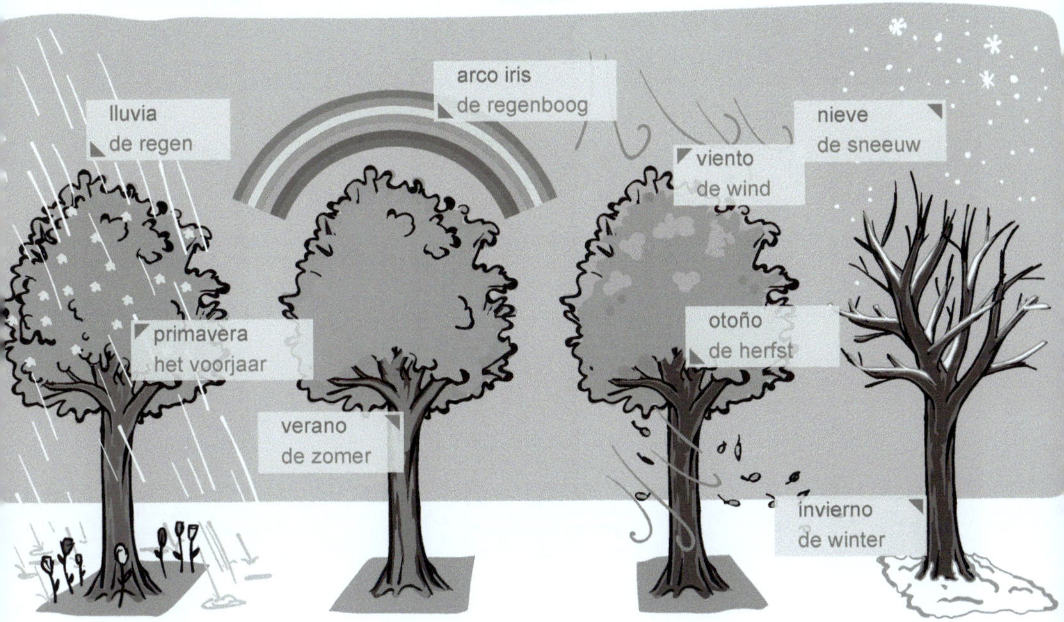

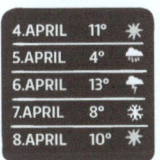

pronóstico meteorológico

het weerbericht

F C
120 40
90 30
60 20
30 10
0 0
-30 -10
-20

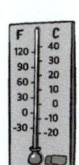

termómetro

de thermometer

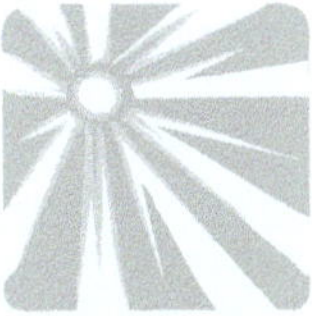

luz del sol

de zonneschijn

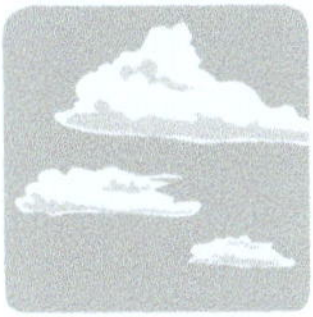

nube

de wolk

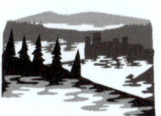

niebla

de mist

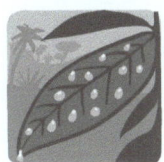

humedad

de luchtvochtigheid

rayo

de bliksem

trueno

de donder

tormenta

de storm

granizo

de hagel

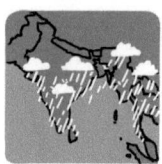

monzón

de moesson

inundación

de overstroming

hielo

het ijs

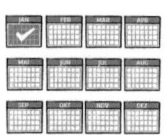

enero

januari

febrero

februari

marzo

maart

abril

april

mayo

mei

junio

juni

julio

juli

agosto

augustus

año - het jaar

septiembre
....
september

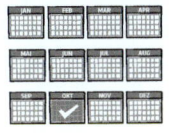

octubre
....
oktober

noviembre
....
november

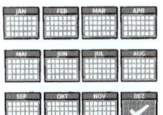

diciembre
....
december

círculo
....
de cirkel

cuadrado
....
het vierkant

rectángulo
....
de rechthoek

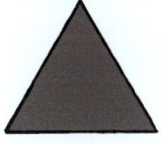

triángulo
....
de driehoek

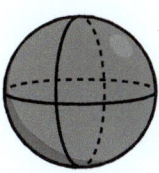

esfera
....
de bol

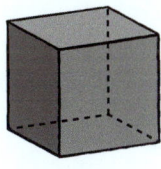

cubo
....
de kubus

colores

de kleuren

blanco
wit

amarillo
geel

naranja
oranje

rosa
roze

rojo
rood

violeta
paars

azul
blauw

verde
groen

marrón
bruin

gris
grijs

negro
zwart

mucho / poco

veel / weinig

enojado / tranquilo

boos / rustig

lindo / feo

mooi / lelijk

principio / fin

begin / einde

grande / chico

groot / klein

claro / oscuro

licht / donker

hermano / hermana

broer / zus

limpio / sucio

schoon / vies

completo / incompleto

volledig / onvolledig

día / noche

dag/ nacht

muerto / vivo

dood / levend

ancho / angosto

breed / smal

comestible / no comestible

eetbaar / oneetbaar

malo / amable

gemeen / aardig

entusiasmado / aburrido

opgewonden / verveeld

gordo / flaco

dik / dun

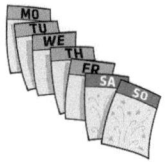

primero / último

eerste / laatste

amigo / enemigo

vriend / vijand

lleno / vacío

vol / leeg

duro / blando

hard / zacht

pesado / liviano

zwaar / licht

hambre / sed

honger / dorst

enfermo / sano

ziek / gezond

ilegal / legal

illegaal / legaal

inteligente / estúpido

intelligent / dom

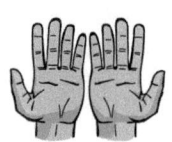

izquierda / derecha

links / rechts

cerca / lejos

dichtbij / ver

nuevo / usado
....
nieuw / gebruikt

nada / algo
....
niets / iets

viejo / joven
....
oud / jong

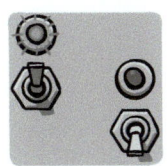

encendido / apagado
....
aan / uit

abierto / cerrado
....
open / gesloten

silencioso / ruidoso
....
zacht / luid

rico / pobre
....
rijk / arm

correcto / incorrecto
....
goed / fout

áspero / suave
....
ruw / glad

triste / contento
....
verdrietig / gelukkig

corto / largo
....
kort / lang

lento / rápido
....
langzaam / snel

mojado / seco
....
nat / droog

caliente / frío
....
warm / koel

guerra / paz
....
oorlog / vrede

0

cero

nul

1

uno

één

2

dos

twee

3

tres

drie

4

cuatro

vier

5

cinco

vijf

6

seis

zes

7

siete

zeven

8

ocho

acht

9

nueve

negen

10

diez

tien

11

once

elf

12

doce

twaalf

13

trece

dertien

14

catorce

veertien

15

quince

vijftien

16

dieciséis

zestien

17

diecisiete

zeventien

18

dieciocho

achttien

19

diecinueve

negentien

20

veinte

twintig

100

cien

honderd

1.000

mil

duizend

1.000.000

millón

miljoen

inglés

Engels

inglés americano

Amerikaans Engels

chino mandarín

Chinees Mandarijn

hindi

Hindi

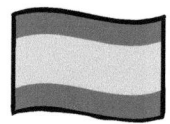

español

Spaans

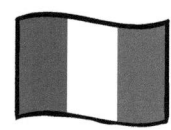

francés

Frans

árabe

Arabisch

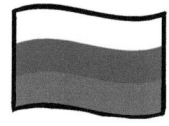

ruso

Russisch

portugués

Portugees

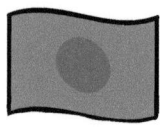

bengalí

Bengalees

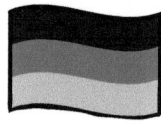

alemán

Duits

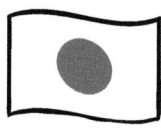

japonés

Japans

yo

ik

vos

jij

él / ella

hij / zij / het

nosotros

wij

ustedes

jullie

ellos

zij

¿quién?

wie?

¿qué?

wat?

¿cómo?

hoe?

¿dónde?

waar?

¿cuándo?

wanneer?

nombre

de naam

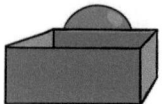

detrás

achter

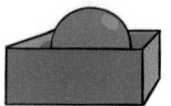

en

in

adelante de

voor

por encima de

boven

sobre

op

debajo de

onder

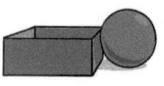

al lado de

naast

entre

tussen

lugar

plaats